Impressum
Verlag: BABADADA GmbH, Nedderfeld 112 , 22529 Hamburg
Geschäftsführer / Verlagsleitung: Harald Hof
Druck: Books on Demand GmbH, In de Tarpen 42, 22848 Norderstedt

Imprint
Publisher: BABADADA GmbH, Nedderfeld 112 , 22529 Hamburg, Germany
Managing Director / Publishing direction: Harald Hof
Print: Books on Demand GmbH, In de Tarpen 42, 22848 Norderstedt, Germany

escola

škola

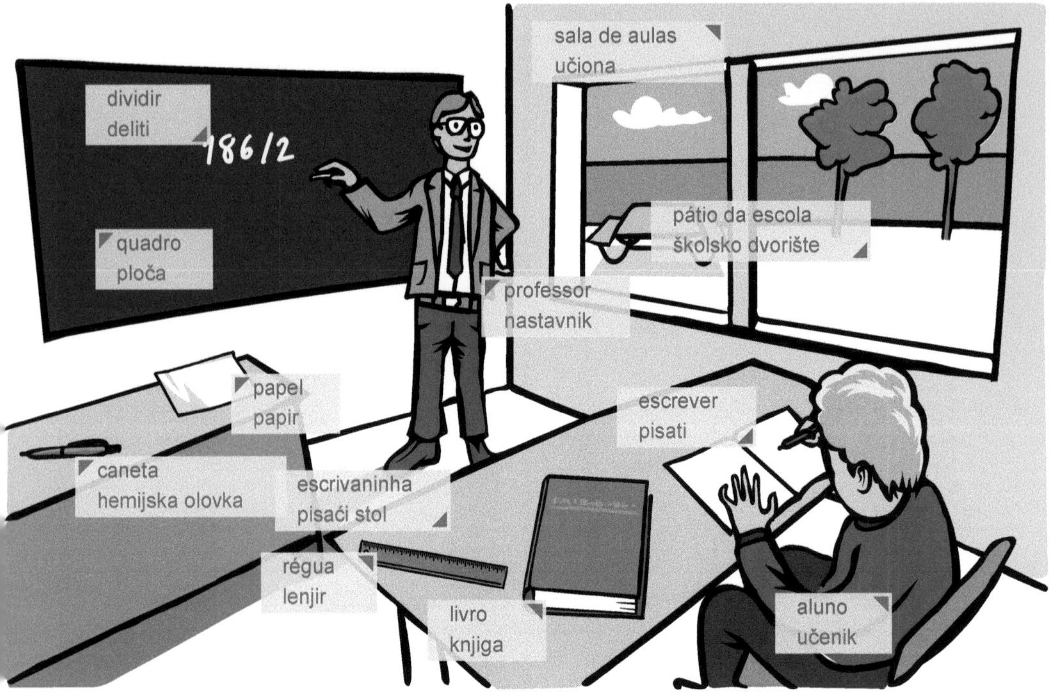

sala de aulas
učiona
dividir
deliti
186/2
quadro
ploča
pátio da escola
školsko dvorište
professor
nastavnik
papel
papir
escrever
pisati
caneta
hemijska olovka
escrivaninha
pisaći stol
régua
lenjir
livro
knjiga
aluno
učenik

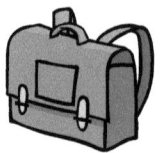

sacola

torba

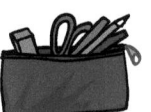

estojo de lápis

pernica

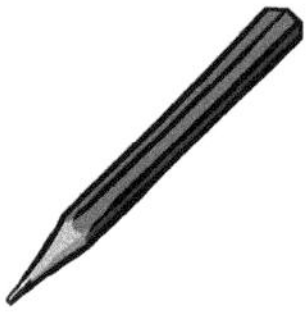

lápis

grafitna olovka

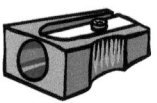

apontador de lápis

šiljilo za olovke

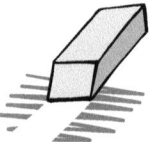

borracha

gumica za brisanje

bloco de desenho

blok za crtanje

desenho

crtež

pincel

kist

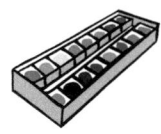

estojo de tintas

kutija sa bojama

tesoura

makaze

cola

lepilo

livro de exercícios

beležnica

lição de casa

domaći zadatak

número

broj

somar

sabirati

subtrair

oduzimati

multiplicar

množiti

calcular

računati

letra

slovo

alfabeto

abeceda

palavra

reč

texto

tekst

ler

čitati

giz

kreda

hora

čas

registro da classe

dnevnik

exame

ispit

certificado

svedočanstvo

uniforme escolar

školska uniforma

educação

obrazovanje

enciclopédia

leksikon

universidade

univerzitet

microscópio

mikroskop

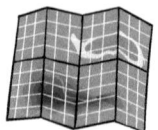

mapa

karta

cesto de lixo

košara za papir

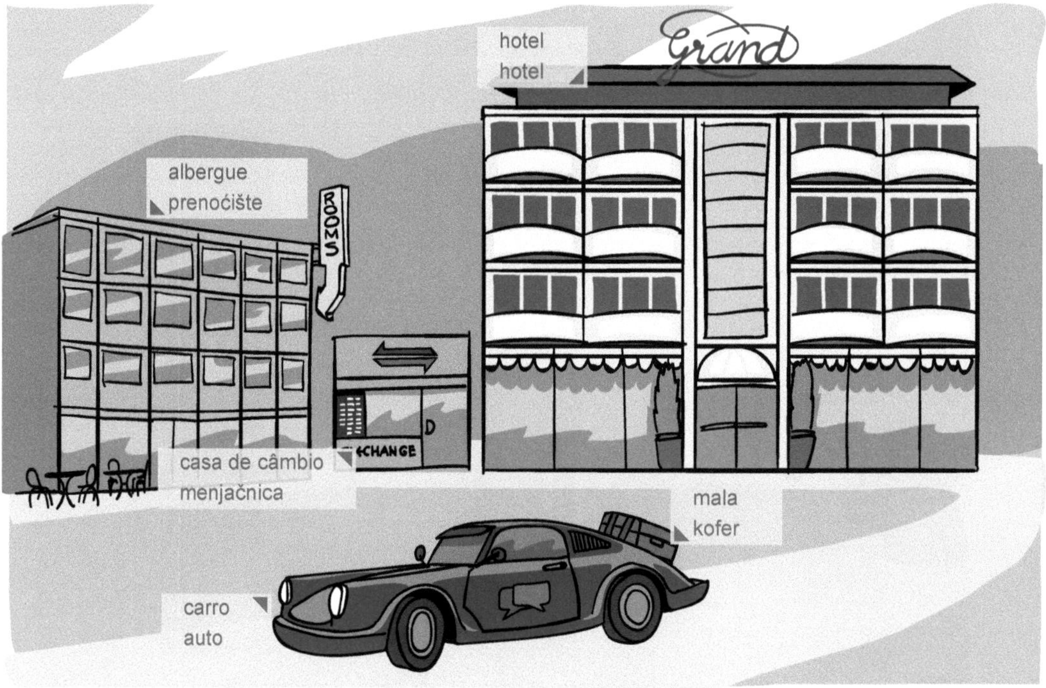

hotel
hotel
Grand
albergue
prenoćište
ROOMS
casa de câmbio
menjačnica
EXCHANGE
mala
kofer
carro
auto

idioma

jezik

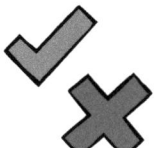

sim / não

da / ne

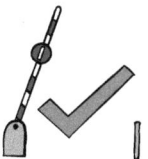

ok

okej

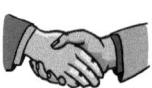

Olá

zdravo

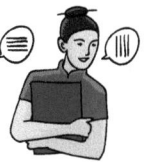

tradutor

prevodilac

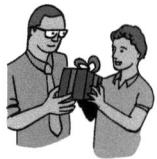

obrigado

hvala

quanto custa...?

Koliko košta...?

eu não entendo

ne razumem

problema

problem

boa noite!

dobro veče!

Bom dia!

Dobro jutro!

Boa noite!

Laku noć!

até logo

doviđenja

direção

smer

bagagem

prtljaga

bolsa

torba

mochila

ruksak

convidado

gost

quarto

soba

saco de dormir

vreća za spavanje

barraca

šator

informação turística

turističke informacije

praia

plaža

cartão de crédito

kreditna kartica

café da manhã

doručak

almoço

ručak

jantar

večera

bilhete

karta za vožnju

elevador

lift

selo

poštanska markica

fronteira

granica

alfândega

carina

embaixada

ambasada

visto

viza

passaporte

pasoš

transporte
transport

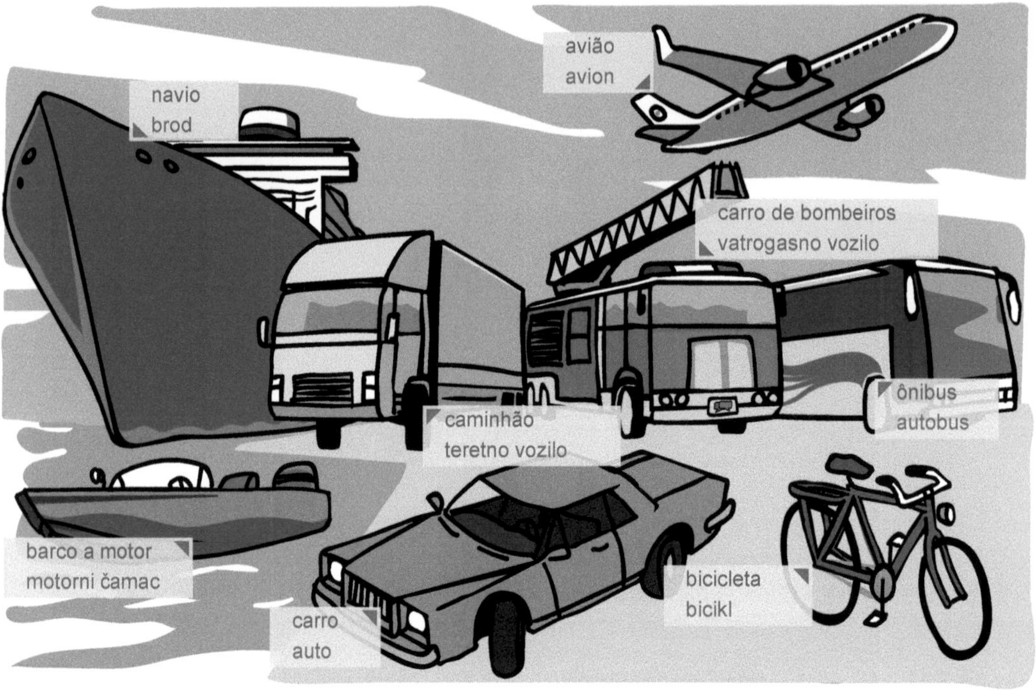
avião
avion
navio
brod
carro de bombeiros
vatrogasno vozilo
ônibus
autobus
caminhão
teretno vozilo
barco a motor
motorni čamac
bicicleta
bicikl
carro
auto

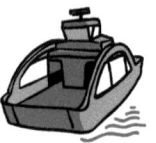

balsa
trajekt

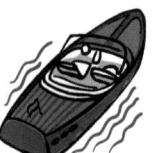

barco
čamac

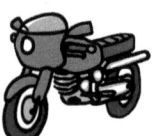

motocicleta
motocikl

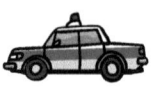

veículo policial
policijski auto

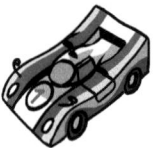

carro de corrida
trkaći auto

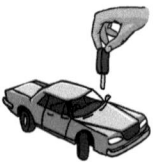

carro de aluguel
iznajmljeno auto

compartilhamento de automóvel

delenje automobila

caminhão de reboque

vučno vozilo

caminhão de lixo

vozilo za odvoz smeća

motor

motor

combustível

benzin

posto de gasolina

benzinska stanica

placa de trânsito

saobraćajni znak

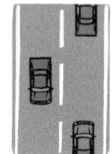

trânsito

saobraćaj

trânsito lento

zastoj

estacionamento

parkiralište

estação de trem

železnička stanica

trilhos

šine

trem

voz

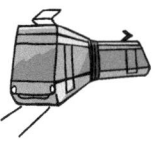

bonde

tramvaj

vagão

vagon

helicóptero

helikopter

aeroporto

aerodrom

torre

kula

passageiro

putnik

contêiner

kontejner

cartolina

karton

carroça

kolica

cesto

korpa

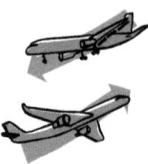

decolar / pousar

uzleteti / sleteti

cidade

grad

vilarejo

selo

centro da cidade

centar grada

casa

kuća

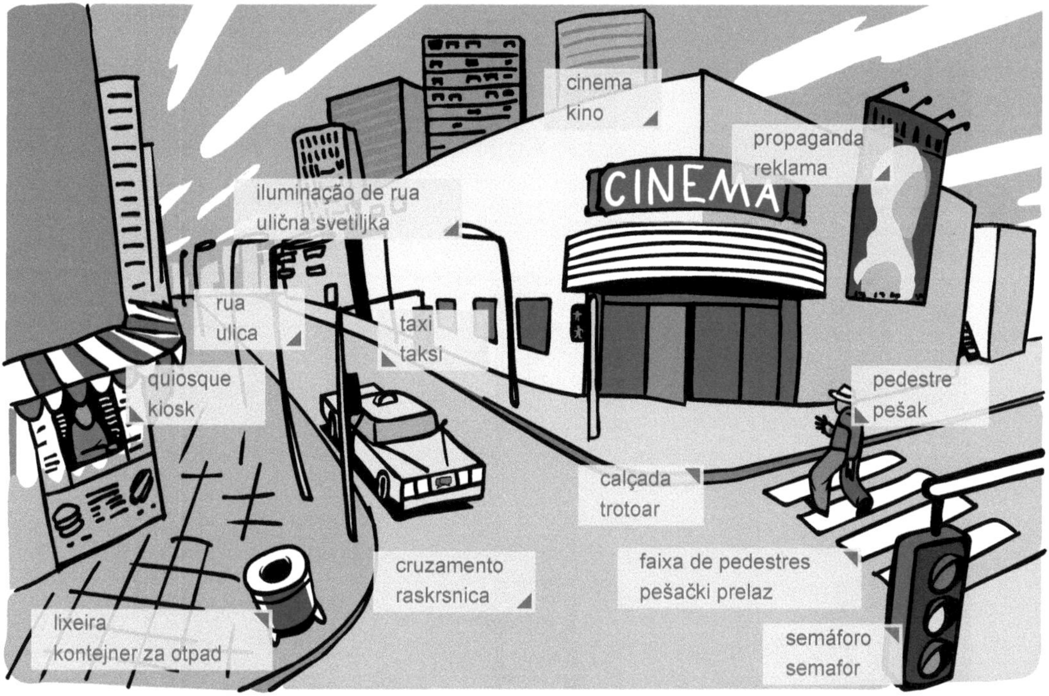

cinema
kino

propaganda
reklama

iluminação de rua
ulična svetiljka

CINEMA

rua
ulica

taxi
taksi

quiosque
kiosk

pedestre
pešak

calçada
trotoar

cruzamento
raskrsnica

faixa de pedestres
pešački prelaz

lixeira
kontejner za otpad

semáforo
semafor

cabana

koliba

apartamento

stan

estação de trem

železnička stanica

prefeitura

većnica

museu

muzej

escola

škola

cidade - grad

universidade

univerzitet

banco

banka

hospital

bolnica

hotel

hotel

farmácia

apoteka

escritório

kancelarija

livraria

knjižara

loja

prodavnica

floricultura

cvećara

supermercado

supermarket

mercado

trg

loja de departamentos

robna kuća

peixaria

ribarnica

centro comercial

trgovački centar

porto

luka

parque

park

banco

klupa

ponte

most

escadas

stepenice

metrô

podzemna železnica

túnel

tunel

ponto de ônibus

autobuska stanica

bar

bar

restaurante

restoran

caixa de correspondência

poštansko sanduče

placa de rua

ulični znak

parquímetro

parkirni automat

zoológico

zoološki vrt

piscina

bazen

mesquita

džamija

fazenda

seosko gazdinstvo

poluição

zagađenje okoline

cemitério

groblje

igreja

crkva

parquinho

igralište

templo

hram

paisagem
pejsaž

folha
list

placa de sinalização
putokaz

caminho
put

gramado
livada

pedra
kamen

árvore
drvo

caminhantes
šetač

rio
reka

grama
trava

flor
cvijet

vale

dolina

montanha

planina

lago

jezero

floresta

šuma

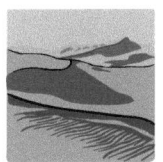

deserto

pustinja

vulcão

vulkan

castelo

dvorac

arco-íris

duga

cogumelo

gljiva

palmeira

palma

mosquito

moskito

mosca

muva

formiga

mrav

abelha

pčela

aranha

pauk

besouro

buba

sapo

žaba

esquilo

veverica

ouriço

jež

lebre

zec

coruja

sova

pássaro

ptica

cisne

labud

javali

divlja svinja

veado

jelen

alce

los

barragem

nasip

aerogerador

vetrenjača

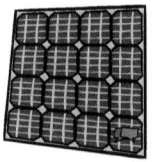

painel solar

solarna ploča

clima

klima

restaurante
restoran

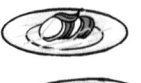

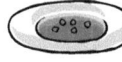

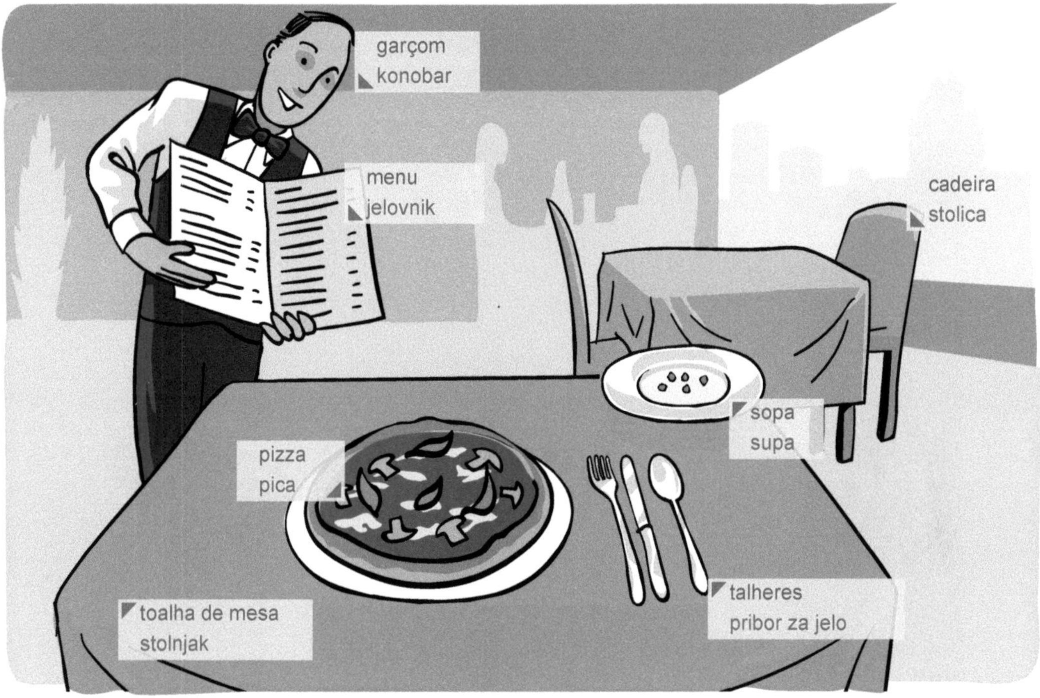
garçom
konobar
menu
jelovnik
cadeira
stolica
sopa
supa
pizza
pica
toalha de mesa
stolnjak
talheres
pribor za jelo

entrada
predjelo

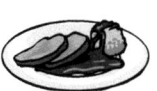

prato principal
glavno jelo

sobremesa
desert

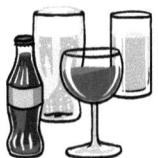

bebidas
napitci

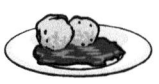

comida
jelo

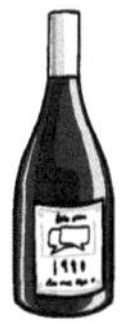

garrafa
flaša

fastfood

brza hrana

comida de rua

imbis hrana

bule de chá

čajnik

açucareiro

doza za šećer

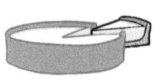

porção

porcija

máquina de expresso

aparat za espresso

cadeirão

visoka stolica

conta

račun

bandeja

poslužavnik

faca

nož

garfo

viljuška

colher

kašika

colher de chá

čajna kašika

guardanapo

salveta

copo

čaša

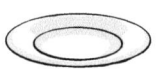

prato

tanjir

prato de sopa

tanjir za supu

pires

tanjirić

molho

sos

saleiro

soljenka

moedor de pimenta

mlin za biber

vinagre

sirće

óleo

ulje

especiarias

začini

ketchup

kečap

mostarda

senf

maionese

majoneza

supermercado
supermarket

oferta especial
ponuda
FOR
cliente
kupac
laticínios
mlečni proizvodi
frutas
voće
carrinho de compras
kolica za kupovinu

BUTCHERS

açougue

mesnica

BAKERY

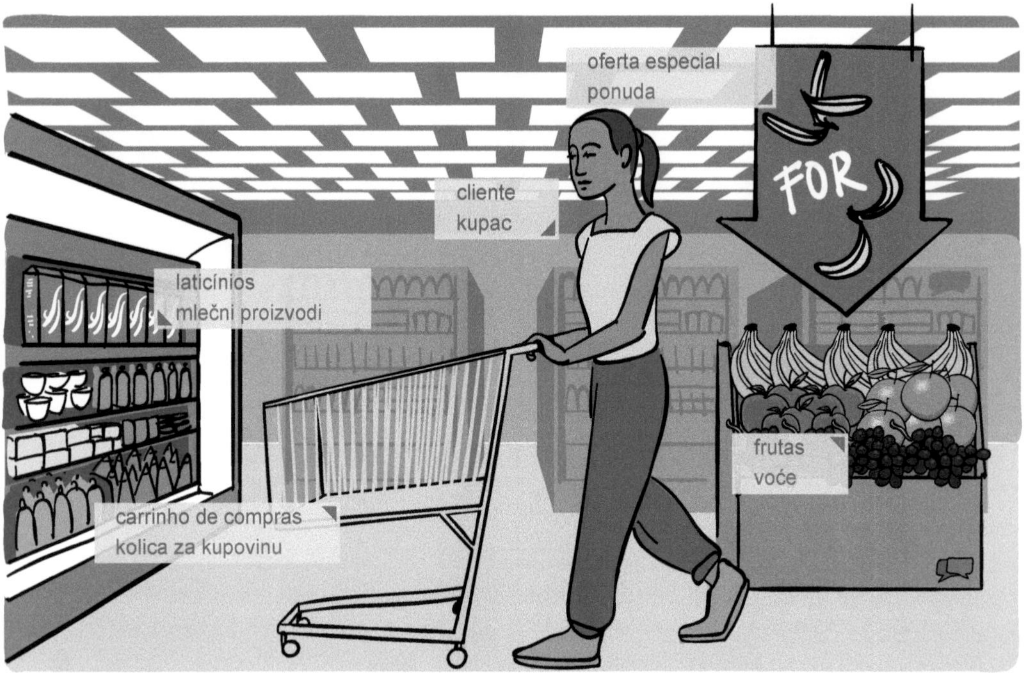

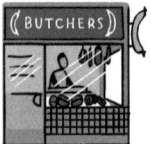

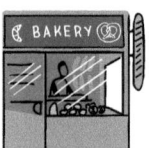

padaria

pekara

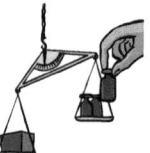

pesar

vagati

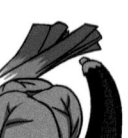

legumes

povrće

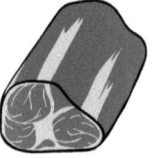

carne

meso

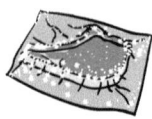

congelados

smrznuta hrana

charcutaria

narezak

conservas

konzerve

detergente em pó

sredstvo za pranje

doces

slatkiši

artigos domésticos

artikli za domaćinstvo

produtos de limpeza

sredstva za čišćenje

vendedora

prodavačica

caixa

blagajna

caixa

blagajnik

lista de compras

lista za kupovinu

horário de funcionamento

vreme rada

carteira

novčanik

cartão de crédito

kreditna kartica

sacola

torba

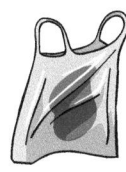

saco plástico

plastična kesa

água
....
voda

suco
....
sok

leite
....
mleko

coca-cola
....
kola

vinho
....
vino

cerveja
....
pivo

álcool
....
alkohol

cacau
....
kakao

chá
....
čaj

café
....
kava

expresso
....
espresso

cappuccino
....
cappuccino

banana

banana

maçã

jabuka

laranja

narandža

melão

lubenica

limão

limun

cenoura

šargarepa

alho

beli luk

bambu

bambus

cebola

luk

cogumelo

gljiva

nozes

orašasti plodovi

macarrão

rezanci

espaguete

špagete

arroz

riža

salada

salata

batatas fritas

pomfrit

batatas frias

pečeni krumpir

pizza

pica

hambúrger

hamburger

sanduíche

sendvič

escalope

šnicla

presunto

šunka

salame

salama

salsicha

kobasica

galinha

kokoš

assado

pečenje

peixe

riba

flocos de aveia

zobene pahuljice

granola

musli

flocos de milho

kukuruzne pahuljice

farinha

brašno

croissant

kroasan

pãozinho

pecivo

pão

hleb

torrada

toast

biscoitos

keksi

manteiga

maslac

requeijão

sveži sir

bolo

kolač

ovo

jaje

ovo frito

jaje na oko

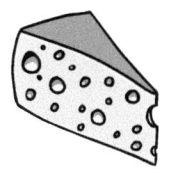

queijo

sir

sorvete

sladoled

açúcar

šećer

mel

med

geleia

marmelada

creme de avelãs

nugat krema

curry

kari

fazenda

seosko gazdinstvo

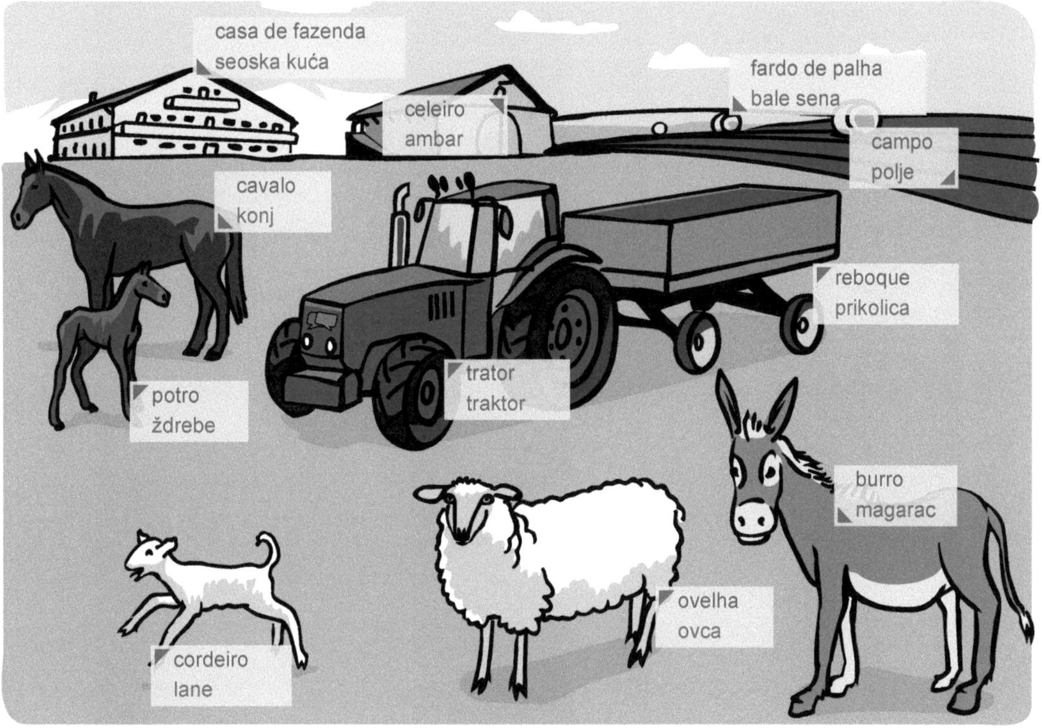
casa de fazenda
seoska kuća
celeiro
ambar
fardo de palha
bale sena
campo
polje
cavalo
konj
reboque
prikolica
trator
traktor
potro
ždrebe
burro
magarac
ovelha
ovca
cordeiro
lane

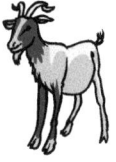

cabra

koza

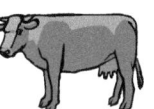

vaca

krava

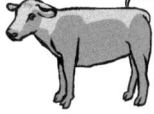

bezerro

tele

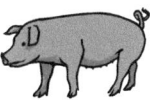

porco

svinja

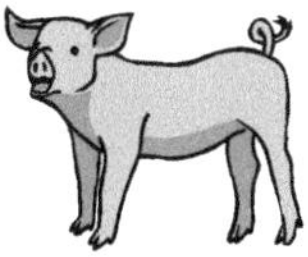

leitão

prase

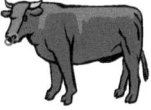

touro

bik

ganso

guska

pato

patka

pintinho

pilići

galinha

kokoš

galo

petao

ratazana

pacov

gato

mačka

camundongo

miš

boi

vol

cachorro

pas

casinha do cachorro

kućica za psa

mangueira de jardim

vrtno crevo

regador

kanta za polivanje

foice

kosa

arado

plug

foice

srp

enxada

motika

forquilha

viljuška za đubrivo

machado

sekira

carrinho de mão

tačke

manjedoura

korito

jarra de leite

posuda za mleko

saco

vreća

cerca

ograda

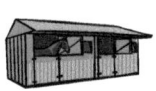

estábulo

štala

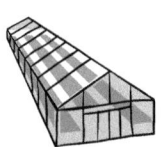

estufa

staklenik

solo

zemlja

semente

seme

fertilizante

đubrivo

colheitadeira

kombajn

colher
žeti

colheita
žetva

inhame
jams začin

trigo
pšenica

soja
soja

batata
krumpir

milho
kukuruz

colza
uljana repica

árvore frutífera
voćka

mandioca
gomolj manioke

cereais
žitarice

casa
kuća

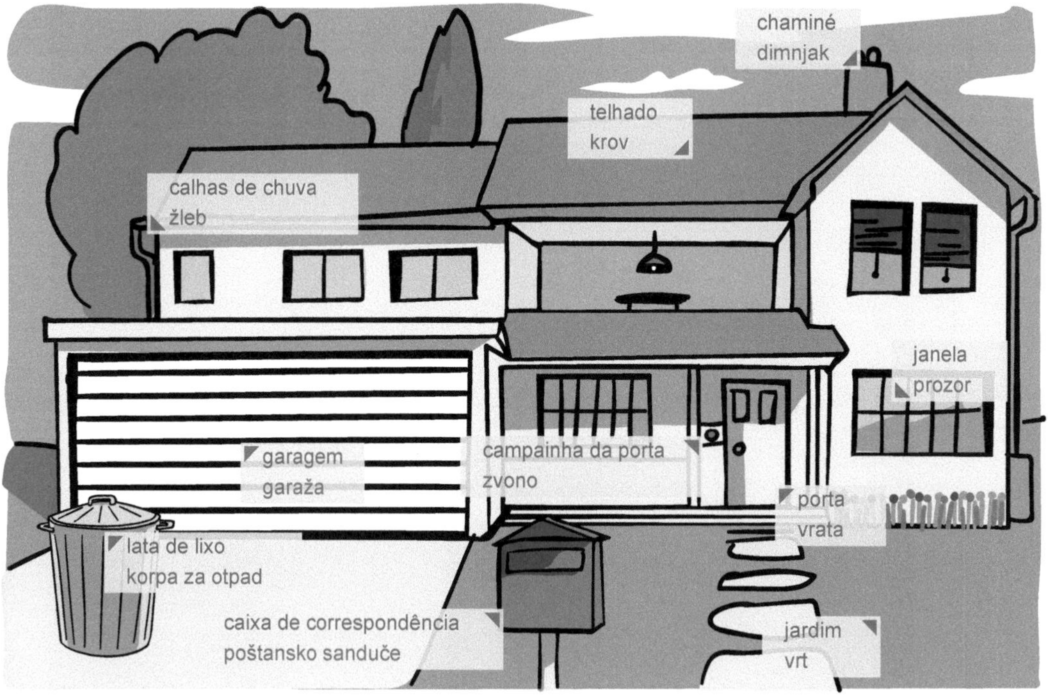
chaminé
dimnjak
telhado
krov
calhas de chuva
žleb
janela
prozor
garagem
garaža
campainha da porta
zvono
porta
vrata
lata de lixo
korpa za otpad
caixa de correspondência
poštansko sanduče
jardim
vrt

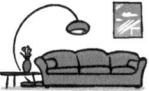

sala de estar

dnevna soba

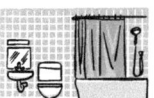

banheiro

kupaonica

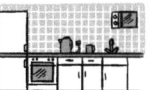

cozinha

kuhinja

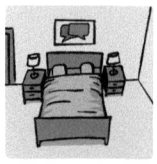

quarto de dormir

spavaća soba

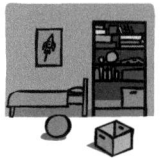

quarto de criança

dečija soba

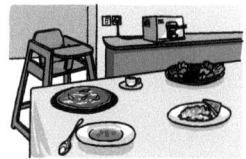

sala de jantar

trpezarija

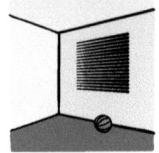

chão

pod

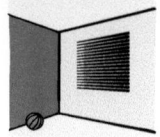

parede

zid

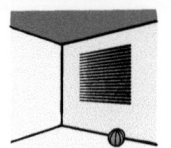

teto

strop

porão

podrum

sauna

sauna

varanda

balkon

terraço

terasa

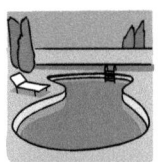

piscina

bazen

cortador de grama

kosilica za travu

lençol

posteljina za krevet

coberta

deka za krevet

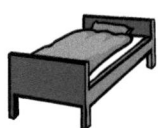

cama

krevet

vassoura

metla

balde

kanta

interruptor

prekidač

sala de estar
dnevna soba

papel de parede
tapeta
quadro
slika
lâmpada
svetiljka
prateleira
regal
armário
ormar
televisão
televizija
lareira
kamin
flor
cvijet
travesseiro
jastuk
sofá
kauč
vaso
vaza
controle remoto
daljinski upravljač

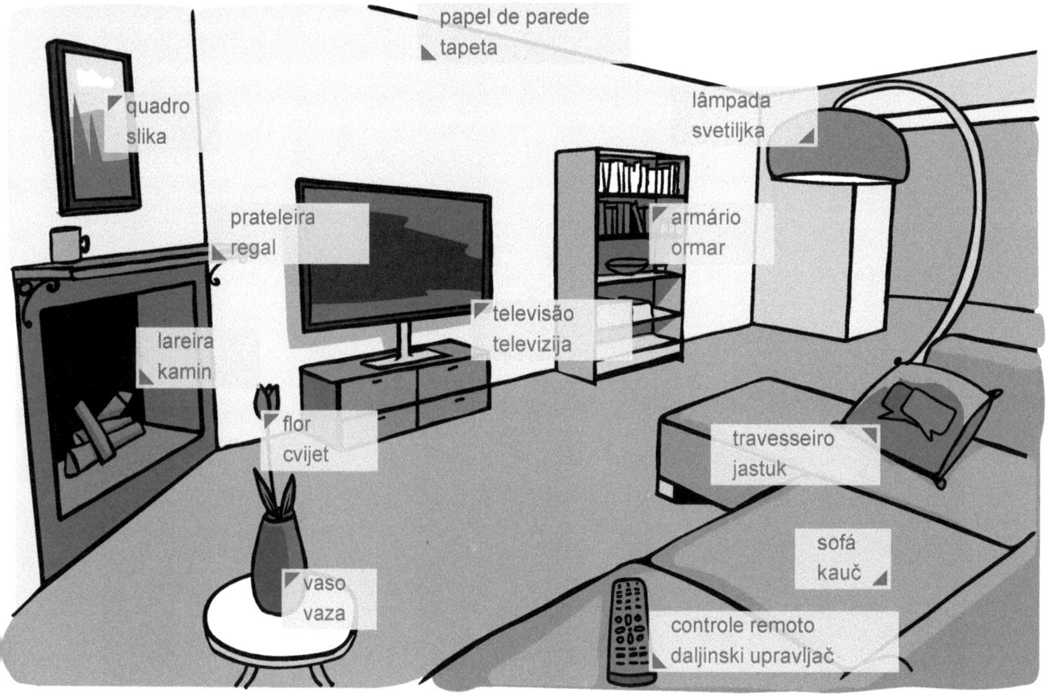

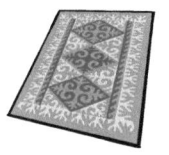

tapete
tepih

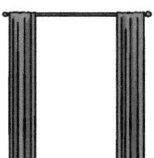

cortina
zavesa

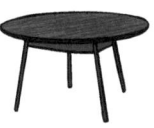

mesa
sto

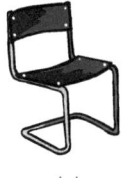

cadeira
stolica

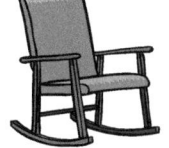

cadeira de balanço
stolica za njihanje

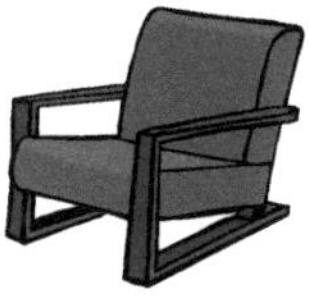

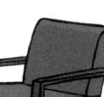

poltrona
fotelja

livro

knjiga

cobertor

deka

decoração

dekoracija

lenha

drvo za ogrev

filme

film

equipamento de som

hi-fi uređaj

chave

ključ

jornal

novine

pintura

slika na platnu

pôster

poster

rádio

radio

bloco de notas

blok za pisanje

aspirador

usisivač

cacto

kaktus

vela

sveća

cozinha
kuhinja

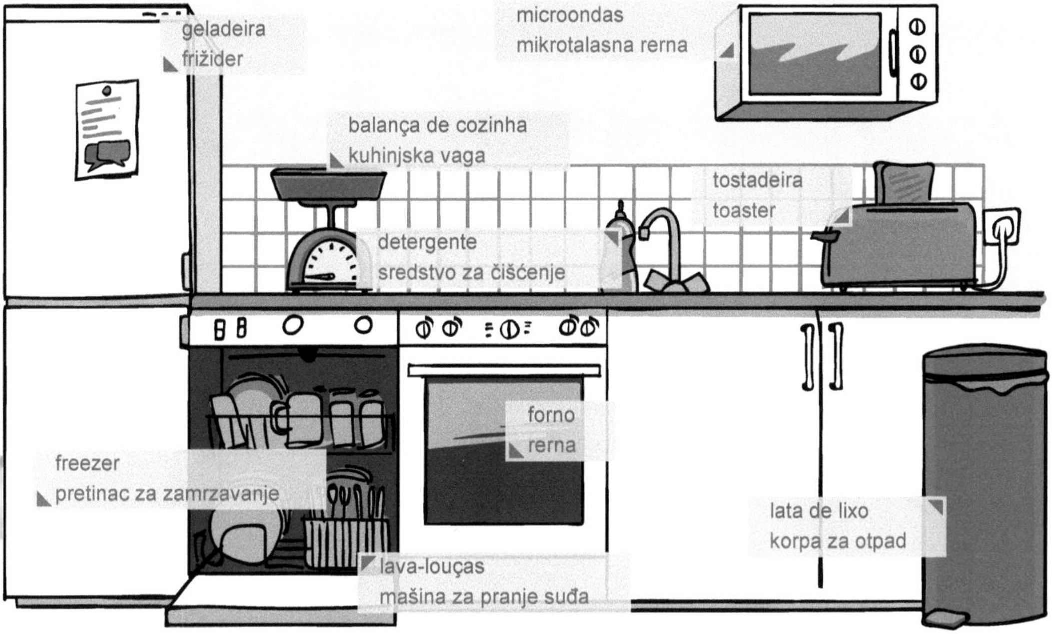
geladeira
frižider
microondas
mikrotalasna rerna
balança de cozinha
kuhinjska vaga
tostadeira
toaster
detergente
sredstvo za čišćenje
forno
rerna
freezer
pretinac za zamrzavanje
lata de lixo
korpa za otpad
lava-louças
mašina za pranje suđa

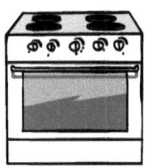

fogão

šporet

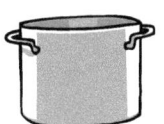

panela

lonac

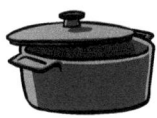

panela de ferro

gvozdeni lonac

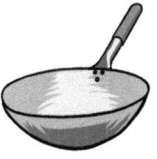

wok / kadai

wok / kadai

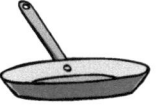

frigideira

tava

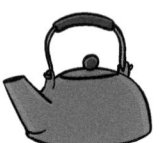

chaleira

kuvalo za vodu

panela a vapor

kuvalo na paru

tabuleiro de forno

lim za pečenje

louça

posuđe

caneca

čaša

caçarola

posuda

hashi

štapići za jelo

concha de sopa

kutlača

espátula

lopatica

batedor

penjača

escorredor

sito za kuvanje

peneira

sito

ralador

ribež

almofariz

mužar

churrasqueira

roštilj

lareira

ognjište

tábua de cortar

daska

rolo da massa

oklagija

saca-rolhas

vadičep

lata

konzerva

abridor de latas

otvarač konzervi

pegador de panela

krpa za lonac

pia

sudoper

escova

četka

esponja

sunđer

liquidificador

mikser

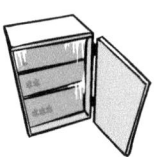

congelador

zamrzivač

mamadeira

flašica za bebe

torneira

slavina za vodu

banheiro
kupaonica

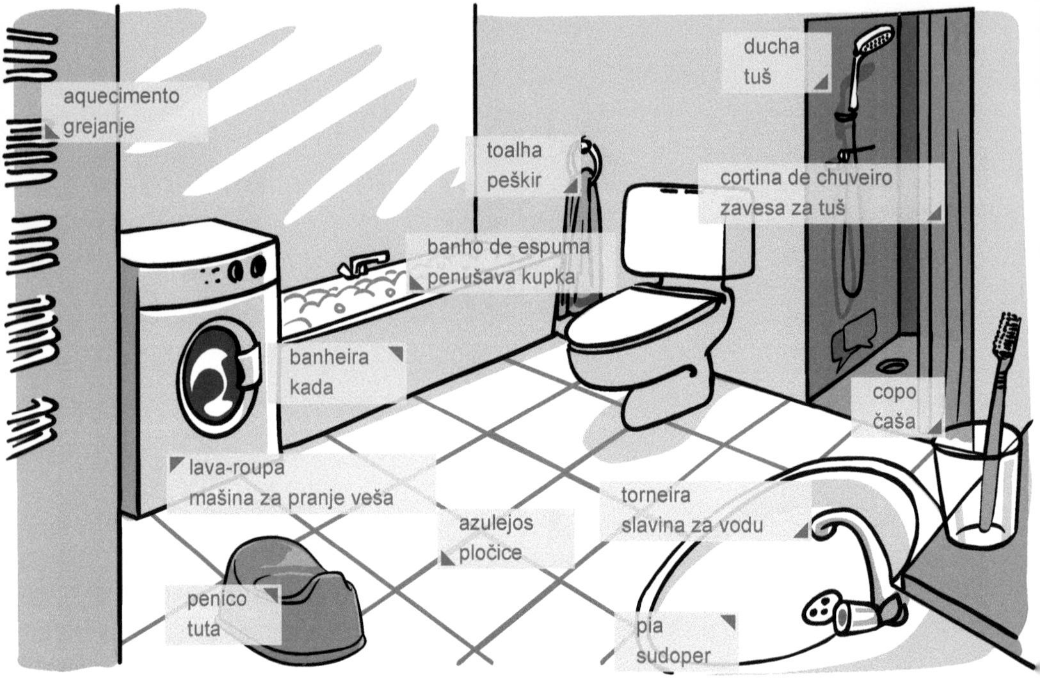

aquecimento
grejanje
toalha
peškir
ducha
tuš
cortina de chuveiro
zavesa za tuš
banho de espuma
penušava kupka
banheira
kada
copo
čaša
lava-roupa
mašina za pranje veša
torneira
slavina za vodu
azulejos
pločice
penico
tuta
pia
sudoper

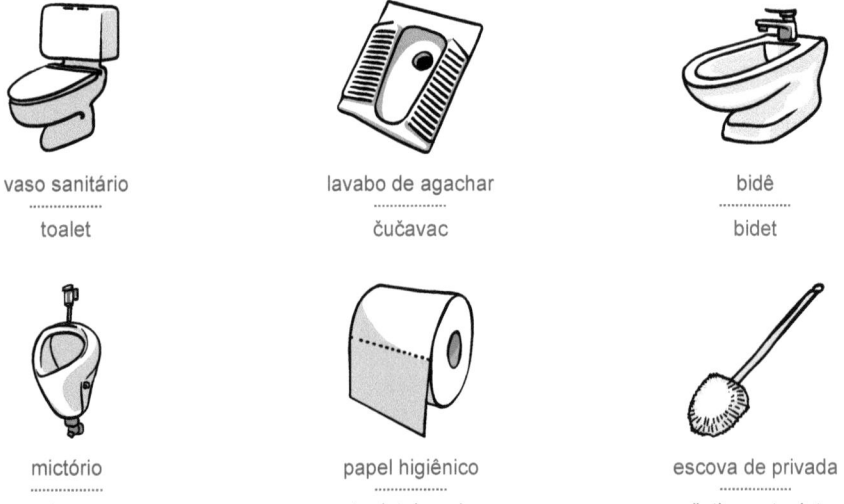

vaso sanitário

toalet

lavabo de agachar

čučavac

bidê

bidet

mictório

pisoar

papel higiênico

toaletni papir

escova de privada

četka za toalet

escova de dentes

četkica za zube

pasta de dentes

pasta za zube

fio dental

konac za zube

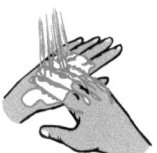

lavar

prati

ducha de mão

tuš ručica

ducha íntima

tuš za pranje intimnih delova

bacia

lavor

escova para as costas

četka za pranje leđa

sabonete

sapun

gel de banho

gel za tuširanje

xampu

šampon

toalha de rosto

krpa za pranje

escoamento

odvod

creme

krema

desodorante

dezodorans

espelho

oglavdalo

espelho de mão

kozmetičko ogledalo

barbeador

brijač

espuma de barbear

pena za brijanje

loção pós-barba

losion za posle brijanja

pente

češalj

escova

četka

secador de cabelo

fen za kosu

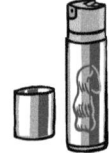

spray de cabelo

sprej za kosu

maquiagem

makeup

batom

ruž za usne

esmalte de unhas

lak za nokte

algodão

vata

tesoura para unhas

makaze za nokte

perfume

parfem

nécessaire

kozmetička torbica

banquinho

stolica

balança

vaga

roupão de banho

ogrtač

luvas de borracha

rukavice za čišćenje

absorvente interno

tampon

absorvente íntimo

uložak

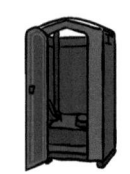

banheiro químico

hemijski toalet

quarto de criança

dečija soba

despertador
budilnik
boneco de pelúcia
plišana igračka
carrinho de brinquedo
auto igračka
chacoalho
zvečka
casa de bonecas
kućica za lutke
presente
poklon

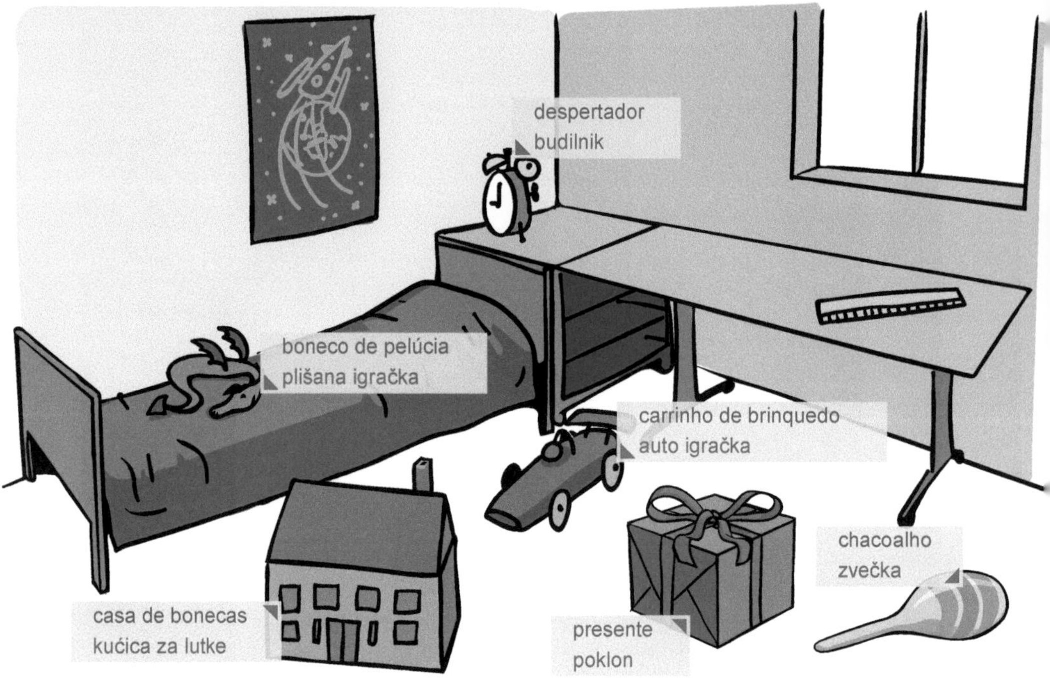

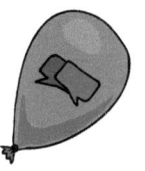

balão

balon

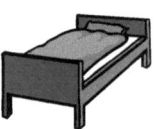

cama

krevet

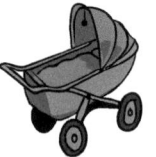

carrinho de bebê

dječija kolica

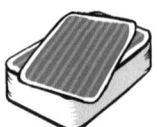

jogo de cartas

igra s kartama

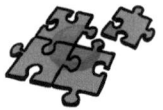

quebra-cabeças

slagalica

SUPER MEGA

revista de quadrinhos

strip

peças de Lego

lego kockice

blocos de construção

kockice za slaganje

figura de ação

akcioni junak

macaquinho de bebê

benkica za bebe

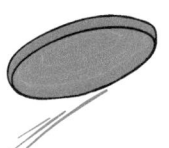

frisbee

frizbi

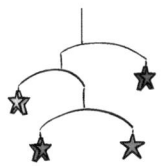

móbile para bebé

viseće igračke

jogo de tabuleiro

društvene igre

dados

kocka

trenzinho elétrico

minijaturna željeznica

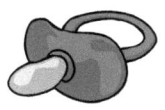

chupeta

duda

festa

zabava

livro ilustrado

slikovnica

bola

lopta

boneca

lutka

brincar

igrati

caixa de areia

pješčanik

balanço

ljuljačka

brinquedos

igračka

videogame

konzola za igre

triciclo

tricikl

ursinho de pelúcia

tedi

guarda-roupa

ormar

vestuário

odeća

meias

kratke čarape

meias pelo joelho

čarape

meias-calças

hulahopke

cachecol
šal

cinto
kaiš

guarda-chuva
kišobran

camiseta
majica

tênis
patike

botas
čizme

chinelos
papuče

sandálias
sandale

sapatos
cipele

botas de borracha
gumene čizme

roupa de baixo
gaćice

sutiã
grudnjak

camiseta de baixo
potkošulja

vestuário - odeća

body

bodi

calças

pantalone

jeans

farmerke

saia

suknja

blusa

bluza

camisa

košulja

pulôver

džemper

suéter com capuz

džemper s kapuljačom

blazer

sako

jaqueta

jakna

casaco

kaput

gabardine

kabanica

traje

kostim

vestido

haljina

vestido de casamento

venčanica

terno

odelo

camisola

spavaćica

pijama

pidžama

sari

sari

lenço de cabeça

marama za glavu

turbante

turban

burca

burka

cafetã

kaftan

abaya

abaja

maiô

kupaći kostim

sunga

kupaće gaćice

shorts

kratke pantalone

roupa de treino

odeća za trening

avental

kecelja

luvas

rukavice

botão

dugme

óculos

naočare

pulseira

narukvica

colar

ogrlica

anel

prsten

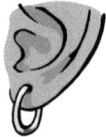

brinco

naušnica

boné

kapa

cabide

vešalica

chapéu

šešir

gravata

kravata

zíper

patent zatvarač

capacete

kaciga

suspensórios

naramenice

uniforme escolar

školska uniforma

uniforme

uniforma

babador
....
podbradak

chupeta
....
duda

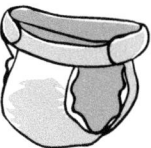

fralda
....
pelena

escritório
kancelarija

servidor
server

armário de arquivos
ormar za spise

impressora
štampač

papel
papir

monitor
monitor

escrivaninha
pisaći stol

mouse
miš

pasta
mapa

teclado
tastatura

cesto de lixo
košara za papir

computador
kompjuter

cadeira
stolica

xícara de café
....
šalica za kavu

calculadora
....
kalkulator

internet
....
internet

laptop

laptop

carta

pismo

mensagem

poruka

celular

mobilni telefon

rede

mreža

copiadora

uređaj za kopiranje

software

softver

telefone

telefon

tomada

utičnica

fax

faks

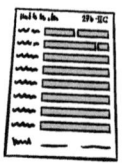

formulário

formular

documento

dokument

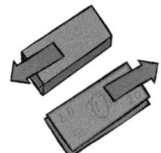

comprar
kupovati

pagar
platiti

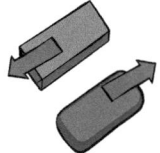

negociar
trgovati

dinheiro
novac

Dólar
dolar

Euro
evro

Yen
jen

rublo
rublja

franco suíço
švajcarski franak

renminbi yuan
renmindbi juan

rupia
rupija

caixa eletrônico
automat za novac

casa de câmbio
menjačnica

ouro
zlato

prata
srebro

petróleo
nafta

energia
energija

preço
cena

contrato
ugovor

imposto
porez

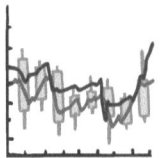

ação
deonica

trabalhar
raditi

empregado
službenik

empregador
poslodavac

fábrica
fabrika

loja
prodavnica

profissões
zanimanja

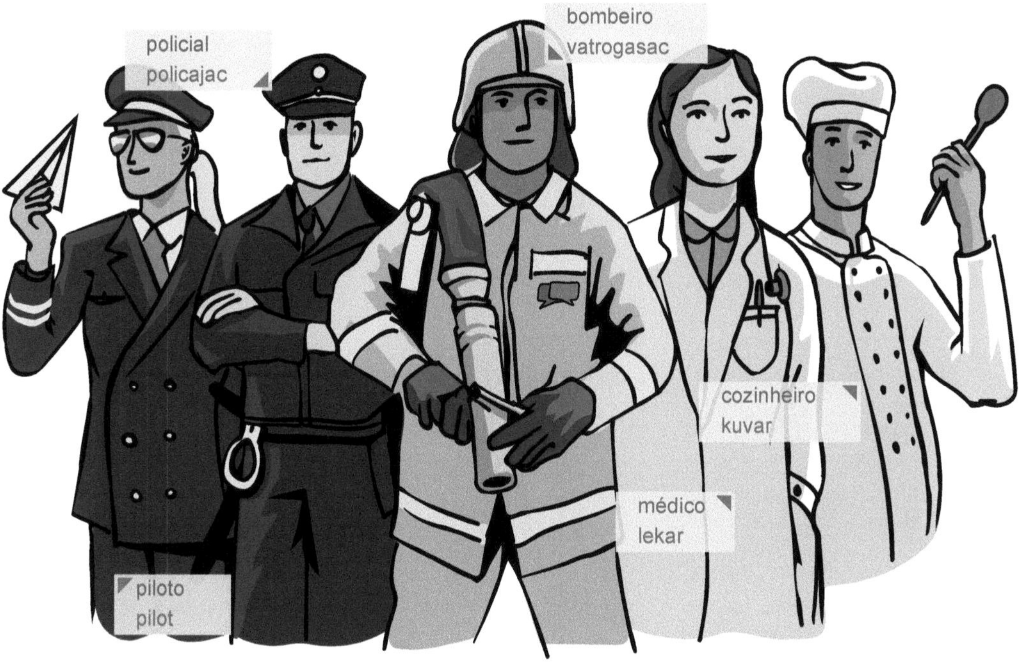

policial
policajac
bombeiro
vatrogasac
cozinheiro
kuvar
médico
lekar
piloto
pilot

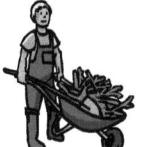

jardineiro

vrtlar

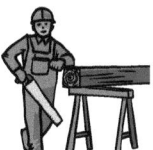

marceneiro

stolar

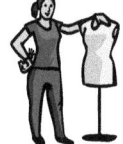

costureira

krojačica

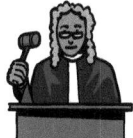

juiz

sudija

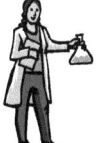

químico

hemičar

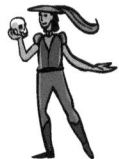

ator

glumac

motorista de ônibus

vozač autobusa

motorista de táxi

vozač taksija

pescador

ribar

faxineira

čistačica

telhador

krovopokrivač

garçom

konobar

caçador

lovac

pintor

slikar

padeiro

pekar

eletricista

električar

construtor

građevinski radnik

engenheiro

inženjer

açougueiro

mesar

encanador

limar

carteiro

poštar

soldado

vojnik

arquiteto

arhitekta

caixa

blagajnik

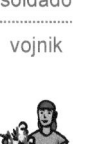

florista

cvećar

cabelereiro

frizer

condutor

kondukter

mecânico

mehaničar

capitão

kapetan

dentista

zubar

cientista

naučnik

rabino

rabi

imam

imam

monge

monah

pastor

svećenik

ferramentas
alati

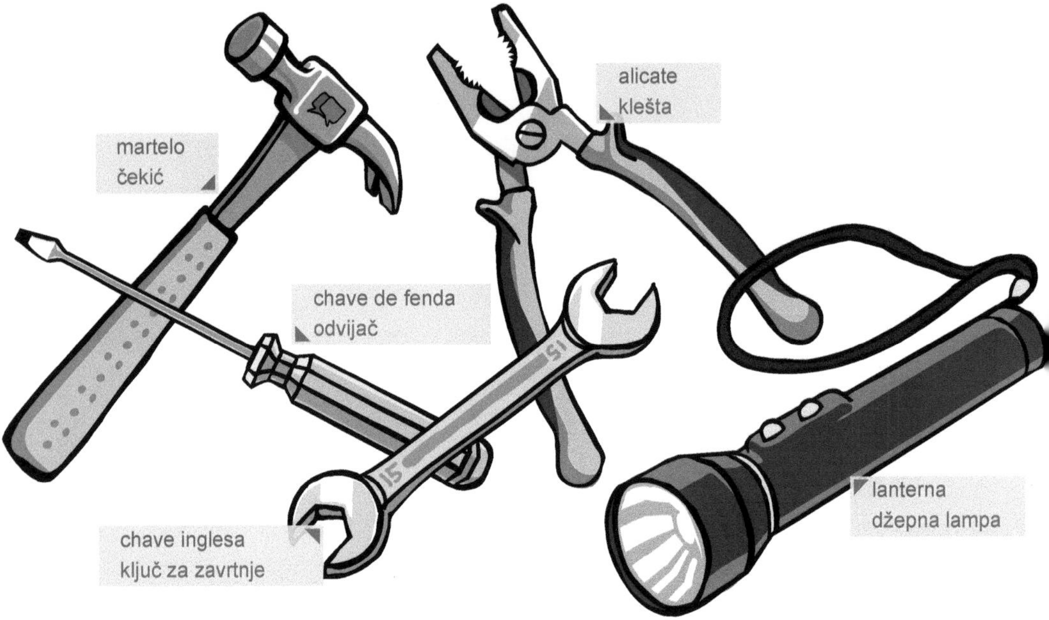
alicate
klešta
martelo
čekić
chave de fenda
odvijač
lanterna
džepna lampa
chave inglesa
ključ za zavrtnje

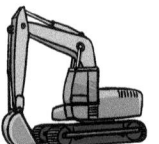

escavadora
bager

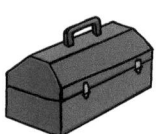

caixa de ferramentas
kutija za alat

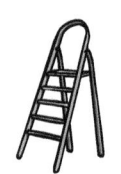

escada de mão
merdevine

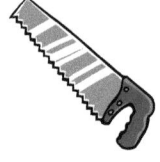

serra
pila

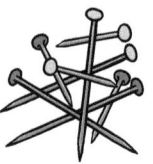

pregos
ekser

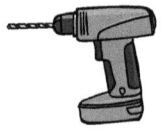

furadeira
bušilica

consertar
....
popraviti

pá
....
lopata

Droga!
....
do đavola!

pá de lixo
....
lopatica

pote de tinta
....
lonac za boju

parafusos
....
zavrtanji

instrumentos musicais
muzički instrument

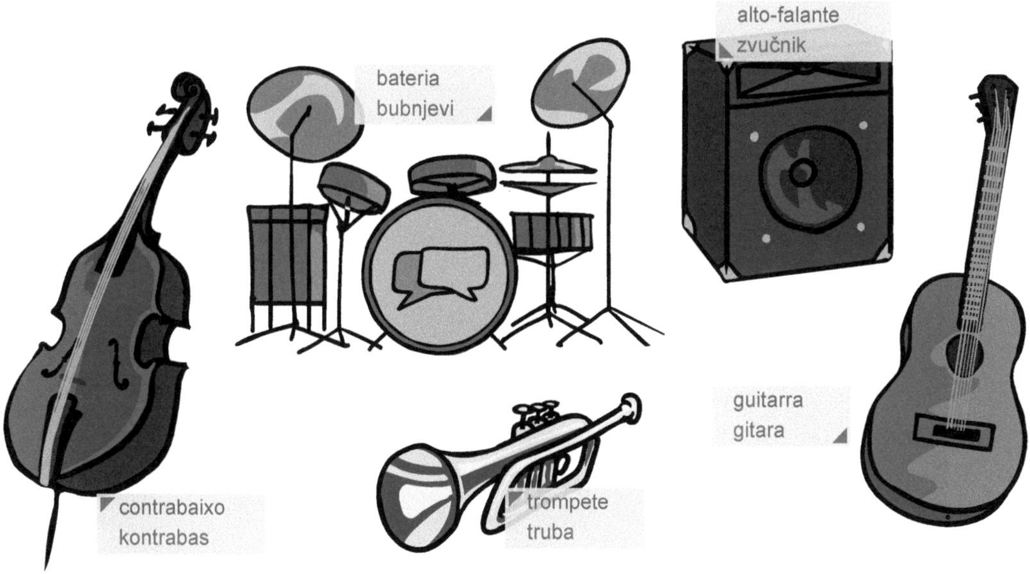

bateria
bubnjevi

alto-falante
zvučnik

guitarra
gitara

contrabaixo
kontrabas

trompete
truba

piano

klavir

violino

violina

baixo

bas

timbales

timpani

tambor

udaraljke za bubnjeve

teclado

tipke klavira

saxofone

saksofon

flauta

flauta

microfone

mikrofon

instrumentos musicais - muzički instrument

zoológico
zoološki vrt

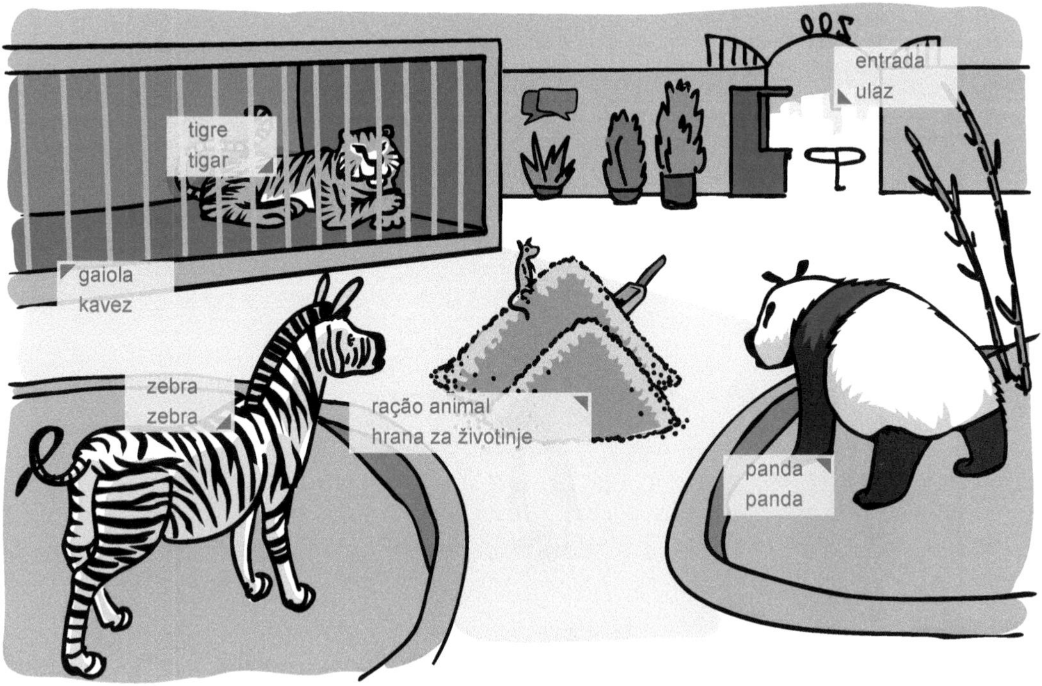

tigre
tigar
gaiola
kavez
entrada
ulaz
zebra
zebra
ração animal
hrana za životinje
panda
panda

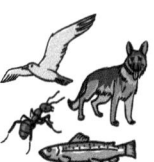

animais

životinje

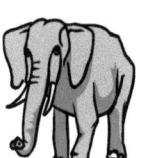

elefante

slon

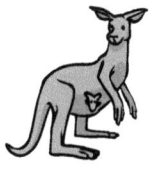

canguru

kengur

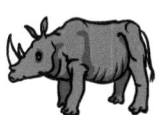

rinoceronte

nosorog

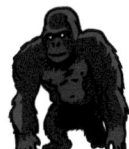

gorila

gorila

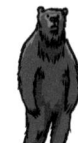

urso

medved

camelo

kamila

avestruz

noj

leão

lav

macaco

majmun

flamingo

flamingo

papagaio

papagaj

urso polar

polarni medved

pinguim

pingvin

tubarão

ajkula

pavão

paun

cobra

zmija

crocodilo

krokodil

guarda do zoológico

čuvar u zoološkom vrtu

foca

tuljan

jaguar

jaguar

pônei
....
poni

leopardo
....
leopard

hipopótamo
....
nilski konj

girafa
....
žirafa

águia
....
orao

javali
....
divlja svinja

peixe
....
riba

tartaruga
....
kornjača

morsa
....
morž

raposa
....
lisica

gazela
....
gazela

futebol americano
američki nogomet

ciclismo
biciklizam

tênis
tenis

basquete
košarka

natação
plivanje

boxe
boks

hóquei no gelo
hokej na ledu

futebol
fudbal

badminton
badminton

atletismo
atletika

handebol
rukomet

esqui
skijanje

polo
polo

atividades
aktivnosti

rir
smejati se
pular
skočiti
abraçar
zagrliti
andar
ići
cantar
pevati
sonhar
sanjati
rezar
moliti se
beijar
poljubiti

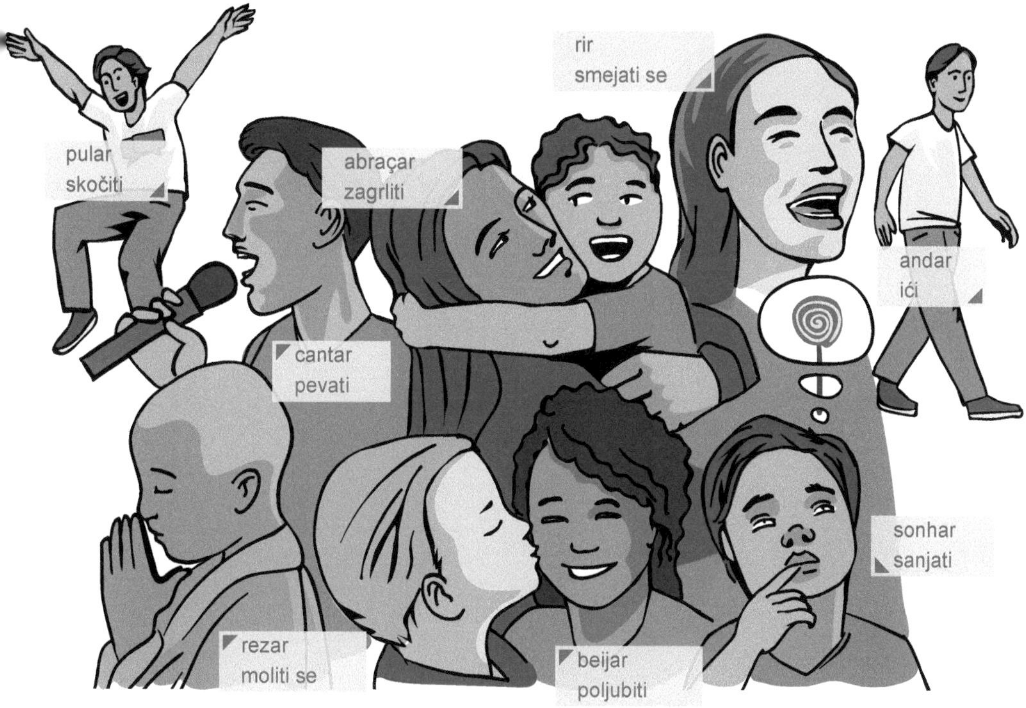

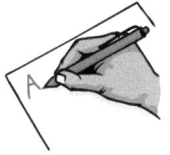

escrever

pisati

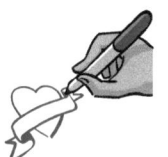

desenhar

crtati

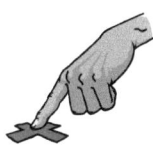

mostrar

pokazati

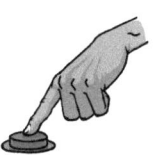

empurrar

gurati

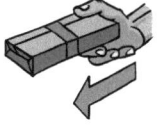

dar

dati

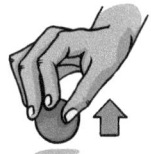

tomar

uzeti

ter
imati

fazer
činiti

ser
biti

ficar de pé
stojati

correr
trčati

puxar
povlačiti

jogar
baciti

cair
padati

deitar
ležati

esperar
čekati

carregar
nositi

sentar
sediti

vestir
oblačiti

dormir
spavati

despertar
probuditi se

atividades - aktivnosti

olhar para
....
gledati

chorar
....
plakati

acariciar
....
milovati

pentear
....
češljati

falar
....
govoriti

entender
....
razumeti

perguntar
....
pitati

ouvir
....
slušati

beber
....
piti

comer
....
jesti

arrumar
....
pospremiti

amar
....
voleti

cozinhar
....
kuhati

dirigir
....
voziti

voar
....
leteti

velejar

ploviti

calcular

računati

ler

čitati

aprender

učiti

trabalhar

raditi

casar

venčati se

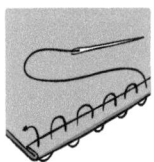

costurar

šiti

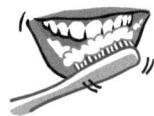

escovar os dentes

prati zube

matar

ubiti

fumar

pušiti

enviar

poslati

avó
baka

avô
deda

pai
otac

mãe
majka

bebê
beba

filha
kćerka

filho
sin

convidado
gost

tia
tetka

tio
ujak, stric

irmão
brat

irmã
sestra

corpo
telo

testa
čelo
olho
oko
ombro
rame
dedo
prst
rosto
lice
queixo
brada
mão
ruka
perna
noga
peito
grudi
braço
ruka

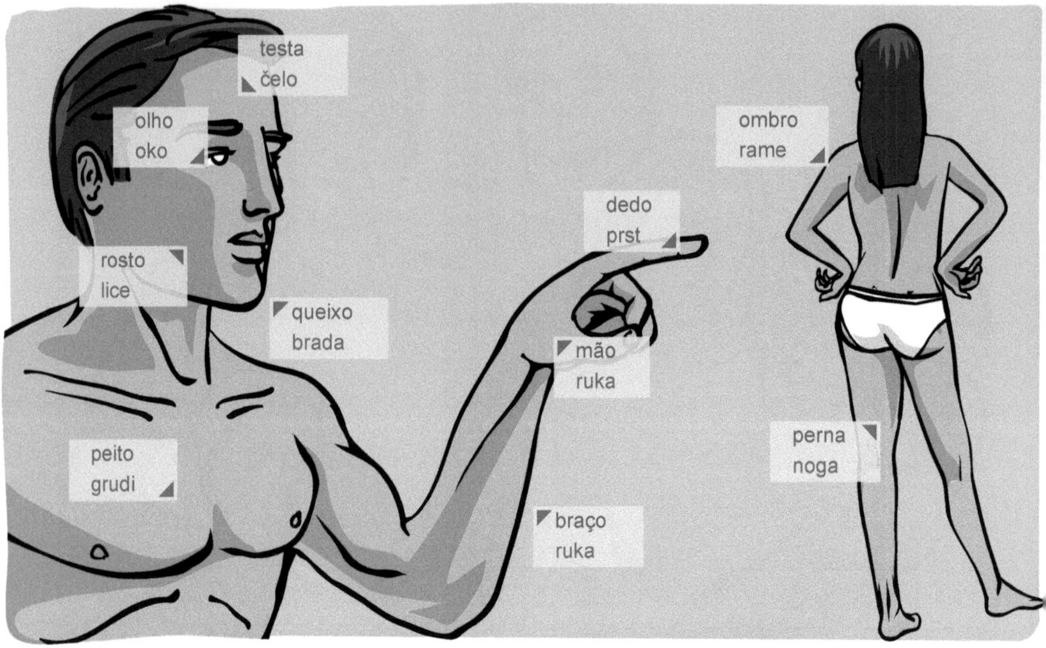

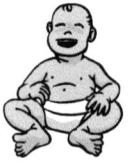

bebê

beba

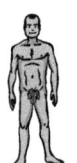

homem

muškarac

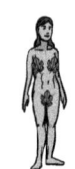

mulher

žena

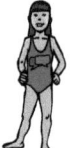

menina

devojčica

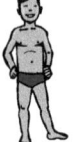

menino

dečak

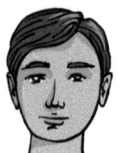

cabeça

glava

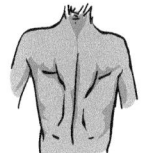

costas

leđa

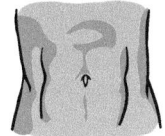

barriga

stomak

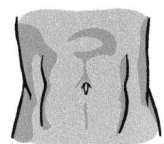

umbigo

pupak

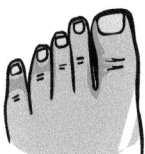

dedo do pé

nožni prst

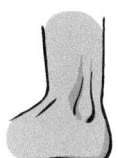

calcanhar

peta

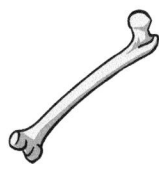

osso

kost

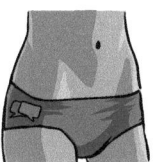

anca

kukovi

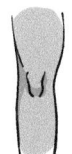

joelho

koleno

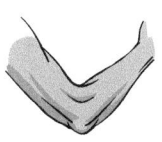

cotovelo

lakat

nariz

nos

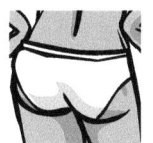

nádegas

zadnjica

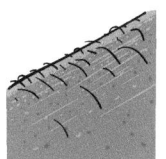

pele

koža

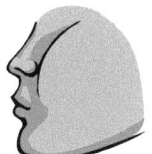

bochecha

obraz

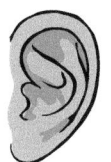

orelha

uvo

lábio

usna

boca

usta

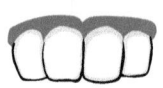

dente

zub

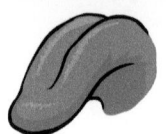

língua

jezik

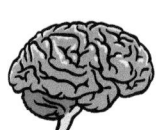

cérebro

mozak

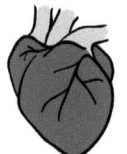

coração

srce

músculo

mišić

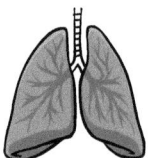

pulmão

pluća

fígado

jetra

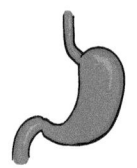

estômago

želudac

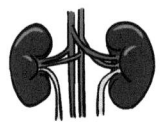

rins

bubrezi

relações sexuais

polni odnos

preservativo

kondom

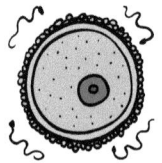

óvulo

jajna ćelija

esperma

sperma

gravidez

trudnoća

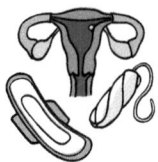

menstruação

menstruacija

vagina

vagina

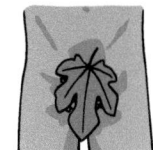

pênis

penis

sobrancelha

obrva

cabelo

kosa

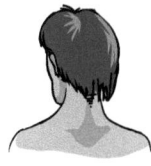

pescoço

vrat

hospital

bolnica

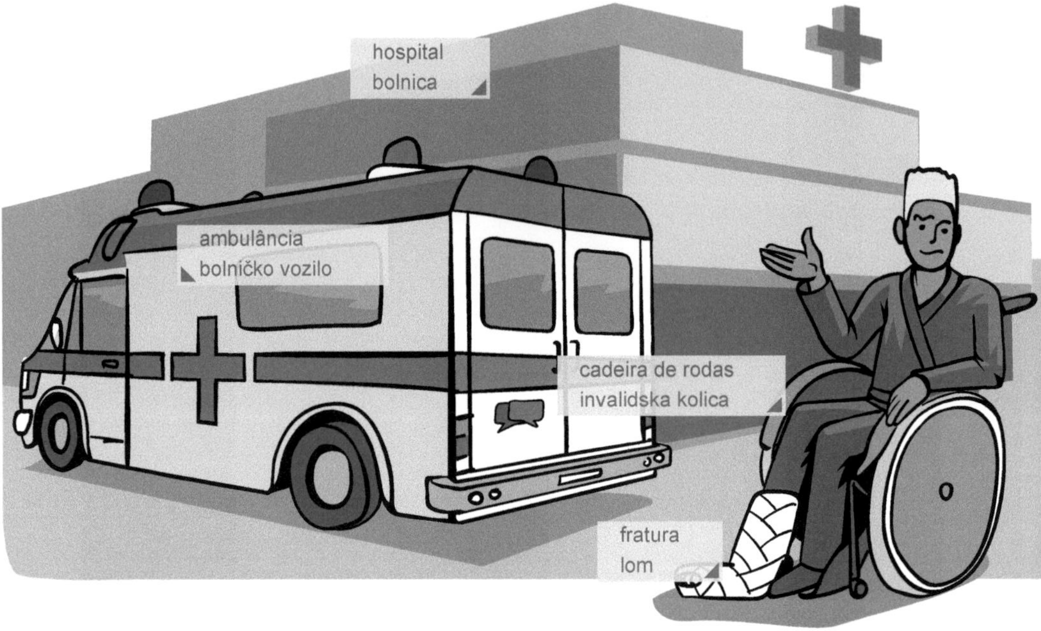

hospital
bolnica
ambulância
bolničko vozilo
cadeira de rodas
invalidska kolica
fratura
lom

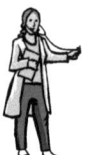

médico

lekar

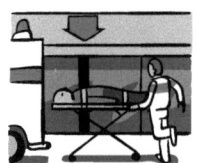

pronto-socorro

hitna medicinska služba

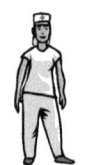

enfermeira

medicinska sestra

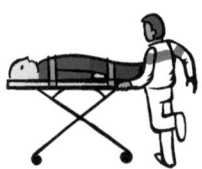

emergência

hitni slučaj

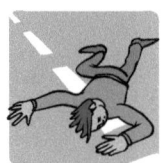

inconsciente

nesvest

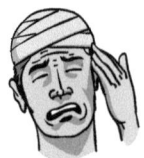

dor

bol

ferimento

povreda

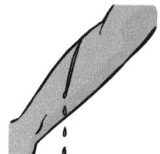

hemorragia

krvarenje

ataque cardíaco

srčani udar

acidente vacular cerebral

udar

alergia

alergija

tosse

kašalj

febre

groznica

gripe

gripa

diarreia

proliv

dor de cabeça

glavobolja

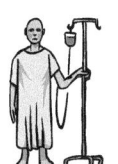

câncer

rak

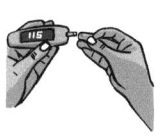

diabetes

dijabetes

cirurgião

hirurg

bisturi

skalpel

operação

operacija

CT

ct

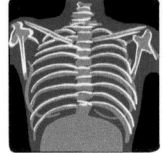

raio x

rentgen

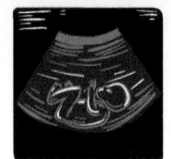

ultrassom

ultrazvuk

máscara

maska

doença

bolest

sala de espera

čekaona

muleta

štaka

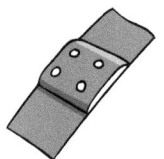

bandeide

flaster

ligadura

zavoj

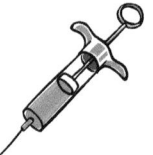

injeção

injekcija

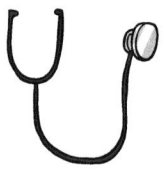

estetoscópio

stetoskop

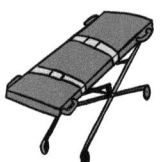

maca

nosila

termômetro

termometar

nascimento

rođenje

excesso de peso

prekomerna težina

aparelho auditivo

slušni aparat

desinfetante

sredstvo za dezinfekciju

infecção

infekcija

vírus

virus

HIV / AIDS

HIV / AIDS

medicamento

medicina

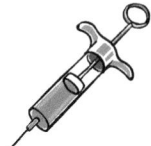

vacinação

vakcinacija

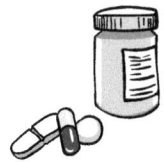

comprimidos

tablete

pílula

pilula

chamada de emergência

hitni poziv

dispositivo de medição de pressão arterial

uređaj za merenje pritiska

doente / saudável

bolesno / zdravo

Socorro!

pomoć!

alarme

alarm

assalto

nasrtaj

ataque

napad

perigo

opasnost

saída de emergência

izlaz u slučaju nužde

Fogo!

požar!

extintor de incêndios

protivpožarni aparat

acidente

nezgoda

maleta de primeiros socorros

kutija prve pomoći

SOS

sos

polícia

policija

Europa

Evropa

América do Norte

Severna Amerika

América do Sul

Južna Amerika

África

Afrika

Ásia

Azija

Austrália

Australija

Atlântico

Atlantik

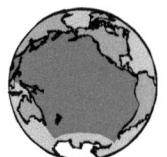

Pacífico

Pacifik

Oceano Índico

Indijski okean

Oceano Antártico

Antarktički okean

Oceano Ártico

Arktički ocean

Polo Norte

Severni pol

Polo Sul

Južni pol

Antártica

Antarktik

Terra

zemlja

terra

zemlja

mar

more

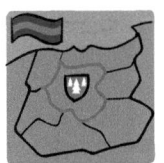

ilha

otok

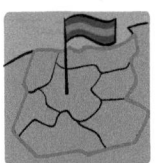

nação

nacija

estado

država

mostrador do relógio

brojčanik sata

ponteiro das horas

satna kazaljka

ponteiro dos minutos

minutna kazaljka

ponteiro dos segundos

sekundna kazaljka

Que horas são?

Koliko je sati?

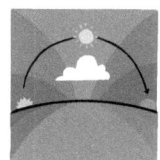

dia

dan

tempo

vreme

agora

sada

relógio digital

digitalni sat

minuto

minuta

hora

čas

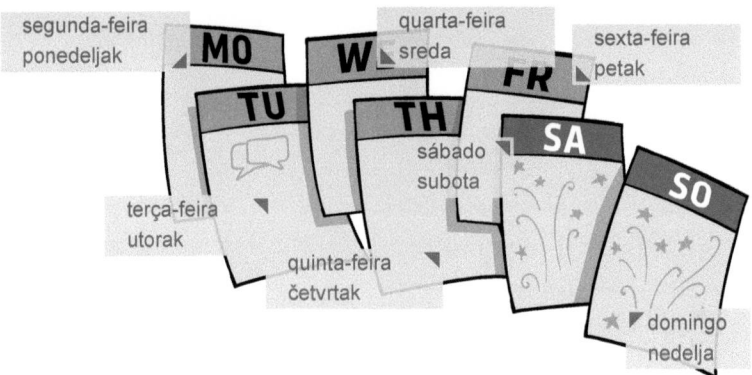

segunda-feira
ponedeljak

quarta-feira
sreda

sexta-feira
petak

terça-feira
utorak

sábado
subota

quinta-feira
četvrtak

domingo
nedelja

ontem
....
juče

hoje
....
danas

amanhã
....
sutra

manhã
....
jutro

meio-dia
....
podne

entardecer
....
veče

MO	TU	WE	TH	FR	SA	SU
1	2	3	4	5	6	7
8	9	10	11	12	13	14
15	16	17	18	19	20	21
22	23	24	25	26	27	28
29	30	31	1	2	3	4

dias úteis
....
radni dani

MO	TU	WE	TH	FR	SA	SU
1	2	3	4	5	6	7
8	9	10	11	12	13	14
15	16	17	18	19	20	21
22	23	24	25	26	27	28
29	30	31	1	2	3	4

fim de semana
....
vikend

ano

godina

chuva
kiša
arco-íris
duga
vento
vetar
neve
sneg
primavera
proleće
outono
jesen
verão
leto
inverno
zima

4.APRIL 11°
5.APRIL 4°
6.APRIL 13°
7.APRIL 8°
8.APRIL 10°

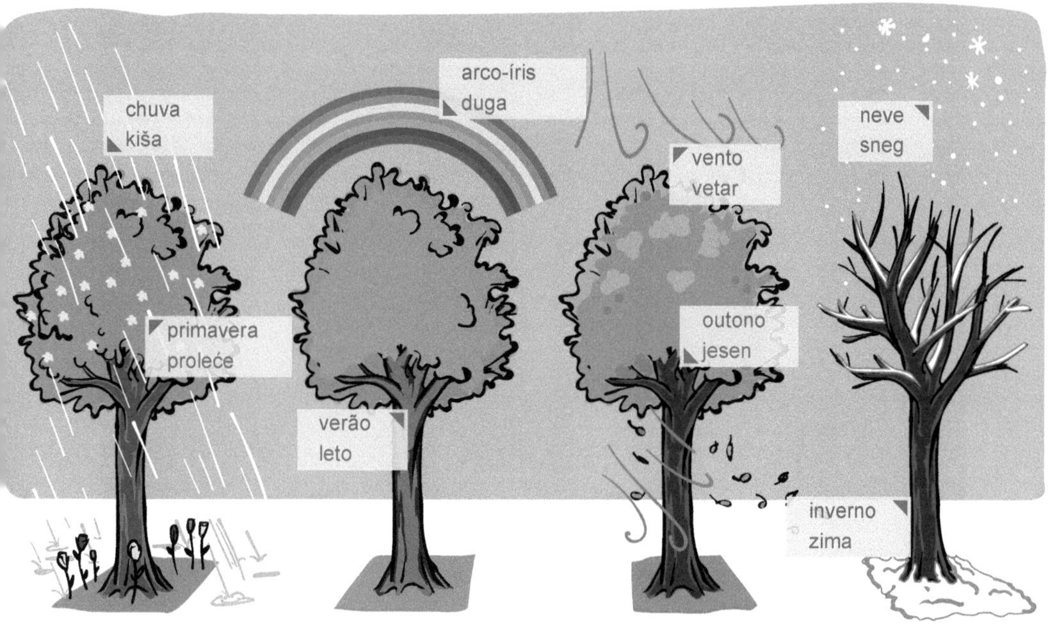

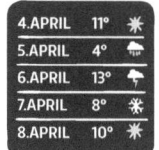

previsão do tempo

meteorološka prognoza

F C
120 40
90 30
60 20
30 10
0 0
-30 -10
-20

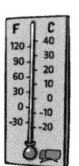

termômetro

termometar

raio de sol

sunčana svetlost

nuvem

oblak

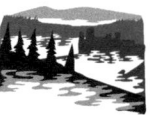

neblina / nevoeiro

magla

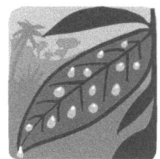

umidade do ar

vlažnost vazduha

relâmpago

munja

trovão

grmljavina

tempestade

oluja

granizo

tuča

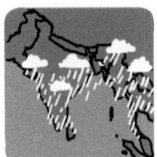

monção

monsun

inundação

poplava

gelo

led

janeiro

januar

fevereiro

februar

março

mart

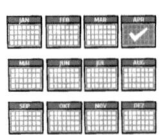

abril

april

maio

maj

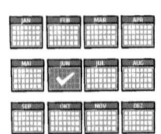

junho

juni

julho

juli

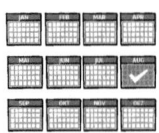

agosto

avgust

ano - godina

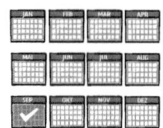

setembro
....
septembar

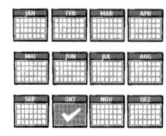

outubro
....
oktobar

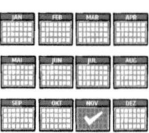

novembro
....
novembar

dezembro
....
decembar

formas
oblici

círculo
....
krug

quadrado
....
kvadrat

retângulo
....
pravougao

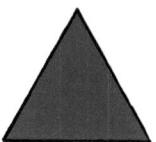

triângulo
....
trougao

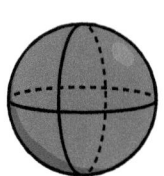

esfera
....
kugla

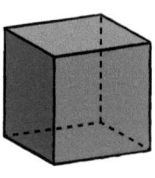

cubo
....
kocka

branco
....
bela

amarelo
....
žuta

laranja
....
narandžasta

rosa
....
ružičasta

vermelho
....
crvena

lilás
....
ljubičasta

azul
....
plava

verde
....
zelena

marrom
....
smeđa

cinza
....
siva

preto
....
crna

muito / pouco
mnogo / malo

furioso / tranquilo
ljutito / mirno

lindo / feio
lepo / ružno

começo / fim
početak / kraj

grande / pequeno
veliko / maleno

claro / escuro
svetlo / tamno

irmão / irmã
brat / sestra

limpo / sujo
čisto / prljavo

completo / incompleto
potpuno / nepotpuno

dia / noite
dan / noć

morto / vivo
mrtvo / živo

largo / estreito
široko / usko

comestível / não comestível

jestivo / nejestivo

mau / gentil

zlo / dobro

entusiasmado / entediado

uzbuđeno / dosadno

gordo / magro

debelo / mršavo

primeiro / último

na početku / na kraju

amigo / inimigo

prijatelj / neprijatelj

cheio / vazio

puno / prazno

duro / macio

tvrdo / mekano

pesado / leve

teško / lagano

fome / sede

glad / žeđ

doente / saudável

bolesno / zdravo

ilegal / legal

ilegalno / legalno

inteligente / idiota

pametno / glupo

esquerda / direita

levo / desno

perto / longe

blizu / daleko

novo / usado
novo / polovno

nada / alguma coisa
ništa / nešto

velho / jovem
staro / mlado

ligado / desligado
uključeno / isključeno

aberto / fechado
otvoreno / zatvoreno

baixo / alto
tiho / glasno

rico / pobre
bogato / siromašno

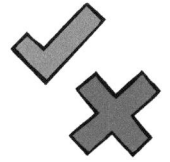

certo / errado
tačno / pogrešno

áspero / liso
hrapavo / glatko

triste / feliz
tužno / sretno

curto / longo
kratko / dugo

lento / rápido
polako / brzo

molhado / seco
mokro / suho

ameno / fresco
toplo / hladno

guerra / paz
rat / mir

0

zero

nula

1

um

jedan

2

dois

dva

3

três

tri

4

quatro

četiri

5

cinco

pet

6

seis

šest

7

sete

sedam

8

oito

osam

9

nove

devet

10

dez

deset

11

onze

jedanaest

12
doze
dvanaest

13
treze
trinaest

14
quatorze
četrnaest

15
quinze
petnaest

16
dezesseis
šestnaest

17
dezessete
sedamnaest

18
dezoito
osamnaest

19
dezenove
devetnaest

20
vinte
dvadeset

100
cem
stotinu

1.000
mil
hiljadu

1.000.000
milhão
milion

inglês

engleski

inglês americano

američki engleski

chinês mandarim

mandarinski kineski

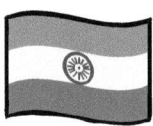

hindi

hindski

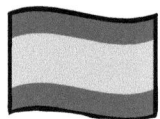

espanhol

španski

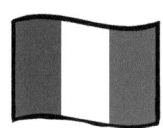

francês

francuski

árabe

arapski

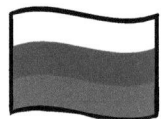

russo

ruski

português

portugalski

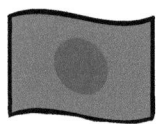

bengalês

bengalski

alemão

nemački

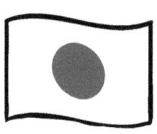

japonês

japanski

eu
ja

você
ti

ele / ela
on / ona / ono

nós
mi

vocês
vi

eles / elas
oni

quem?
Ko?

O quê?
Šta?

como?
Kako?

onde?
Gde?

Quando?
Kada?

nome
ime

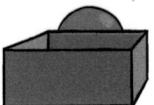

atrás
....
iza

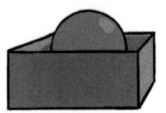

em
....
u

na frente de
....
ispred

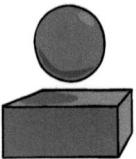

sobre
....
preko

em cima
....
na

debaixo
....
ispod

do lado
....
pored

entre
....
između

lugar
....
mesto